悦纳丛书

All Birds Have Anxiety

喳星人都有焦虑症

[澳] 凯茜·霍佩曼（Kathy Hoopmann）/著

王漪虹 /译

華夏出版社
HUAXIA PUBLISHING HOUSE

图书在版编目（CIP）数据

喳星人都有焦虑症 / (澳) 凯茜 • 霍佩曼(Kathy Hoopmann) 著; 王漪虹译. --北京: 华夏出版社, 2018.8
书名原文: All Birds Have Anxiety
ISBN 978-7-5080-9479-3

Ⅰ. ①喳… Ⅱ. ①凯… ②王… Ⅲ. ①焦虑－通俗读物 Ⅳ. ①R749.7-49

中国版本图书馆 CIP 数据核字(2018)第 081260 号

喳星人都有焦虑症

作　　者　［澳］凯茜·霍佩曼
译　　者　王漪虹
责任编辑　薛永洁

出版发行　华夏出版社
经　　销　新华书店
印　　装　三河市万龙印装有限公司
版　　次　2018 年 8 月北京第 1 版　　2018 年 8 月北京第 1 次印刷
开　　本　880×1230　1/24 开
印　　张　3
字　　数　10 千字
定　　价　38.00 元

华夏出版社　地址：北京市东直门外香河园北里 4 号　邮编：100028
网址：www.hxph.com.cn　电话：（010）64663331（转）
若发现本版图书有印装质量问题，请与我社营销中心联系调换。

“凯茜的精彩著作为教师和家长提供了非常棒的教育资源。本书将焦虑体验常态化，解释了焦虑是怎么来的，以及它会如何影响我们的生活；同时，也给了我们克服焦虑、压力与恐惧的希望，有助于成人和儿童克服生活中的自我怀疑。本书中的配图经过精心筛选，很好地展现了所有生物的常见情绪。我要向家长、学者以及所有年龄段的孩子们，强烈推荐这本妙趣横生的图画书。”

——葆拉・巴雷特博士（Dr Paula Barrett）

友人平复项目(Friends Resilience Programs，www.friendsresilience.org)的国际作者

“焦虑是一种人人都有的常见情绪，儿童出现的焦虑问题也越来越多。焦虑会影响儿童健康的诸多方面。有过量焦虑体验的儿童学习会更加困难，社交也会出现不适。焦虑能够吞噬童年的快乐。在本书中，凯茜・霍佩曼用别开生面的方式向我们展示了焦虑症的相关信息，告诉我们焦虑如何影响我们的生活，以及我们可以怎样控制焦虑。严选的文字配上绚丽的图片，《喳星人都有焦虑症》精彩不容错过，成人可以用此书轻松地与儿童探讨焦虑症，并一起找出应对这一问题情绪的好办法。”

——詹姆斯・斯科特（James Scott）

昆士兰临床研究中心大学（University of Queensland Centre for Clinical Research）青少年精神病学（Child and Adolescent Psychiatrist）副教授

“凯茜・霍佩曼的书图文结合，深入浅出，任何年龄的孩子都能读懂，即使是复杂，甚至有些吓人的话题，也总能给我带来欢乐。《喵星人都有阿斯伯格综合征》使孤独症和成千上万的孩子关联起来。她这本关于焦虑的新书也秉承了这一理念，将更常见的焦虑问题与更多人联系在一起。”

——约翰・埃尔德・罗比森（John Elder Robison）

《纽约时报》畅销书《看着我的眼睛》（*Look Me in the Eye*）、《接通》（*Switched On*）的作者

威廉玛丽学院（The College of William and Mary）神经系统多元化学者

“我再一次惊叹于凯茜的能力，她总能把那些复杂的问题简单化，让所有人都能读懂。如今，焦虑已经是全社会的普遍问题——有时它呈现一定规则，并给我们的生活、学习、工作带来负面影响。《喳星人都有焦虑症》内容精彩，充满吸引力，并教会我们如何辨识自己和他人身上的焦虑症状。凯茜还给出了有效应对这一情绪的实用建议。不仅仅是孩子能从本书中获益，成人也能学到有用的方法，身体力行为孩子树立榜样。我建议那些想要帮孩子处理好焦虑情绪的家长、教师和治疗师将本书中的方法作为干预策略来实施。同时，我也想把本书推荐给所有学校，用以保持并提升孩子们的心理健康。”

——格兰妮・博伊尔（Gr á inne Boyle）

教育心理学家、

迪拜创新中心（The Innovation Hub）主管

在完美世界里，
所有人都能过得悠然自得，没人烦恼，
也没人焦虑。

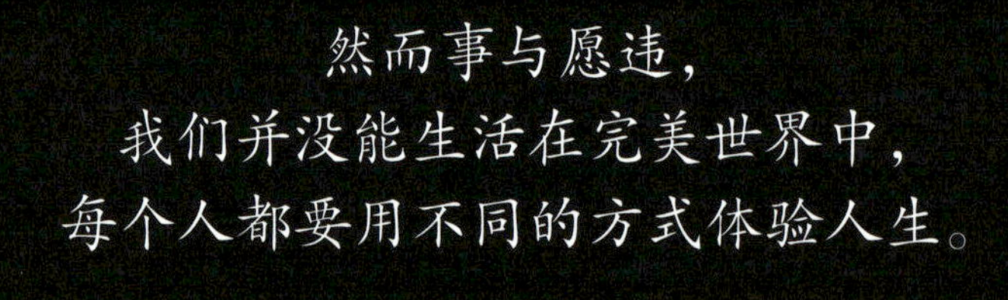

然而事与愿违，
我们并没能生活在完美世界中，
每个人都要用不同的方式体验人生。

有些人遇事就烦躁、焦虑。

当然啦，每个人都有焦虑的时候；
不过当你需要被照料时，

或者附近有危险时，有焦虑感未尝不是件好事。

当有工作需要完成时，焦虑感
也能促使你加快进度。

但是，我们中也有一些人在没有危险，
甚至是诸事顺利的情况下，
依然会焦虑。

“要小心”的念头、“有危险”的警告和“再快点”的催促，完全不受我们的控制，就像头脑里挥之不去的魔咒。

当压力升级，任何事都能引发焦虑，比如：

计划有变、

新事物、

一句评论、

一个念头。

就连想到焦虑
都会令你感到焦虑。

很多人都有焦虑症，
而且焦虑通常会遗传。

起初还只是有些心神不宁，
但这种感觉会越来越强烈，
直到你害怕得无法行动、无法呼吸。
往往，你甚至都不知道这是为什么。

你口干舌燥、吞咽困难，
连胃都跟着疼起来。

你还可能头晕眼花、浑身冒汗，甚至头疼。

心脏咚咚咚地跳，手脚发麻或刺痛，每一块肌肉都紧绷着。

就好像内心在尖叫。

焦虑还会影响我们的思想、感受和行为。

我们深信自己说的、做的都不够好。

即使我们做得很好，我们还是觉得一定搞错了。

当我们感到茫然和害怕时，我们看什么都不顺眼，眼里面全是错。

我们反反复复地为将来发愁，
一遍又一遍地回顾自己办过的蠢事，
却不曾停下来享受“当下”。
也没有能“关机”的按钮。

感觉一头雾水。

我们坐在那儿，
干瞪着眼，脑袋像一团浆糊，
不知道该做什么，或是该怎么做。

就连梳头发、换衣服这样的日常琐事，都让我们无法思考。

更糟的是，
我们睡不好觉。

躺在床上，明明知道自己应该睡觉，
可又不禁担心自己睡不着，这让我们更加无法入睡。
天啦！

成串的想法在脑中回旋，没有半点睡意。

这一切令我们彻底地精疲力竭。

还有些时候，我们会感到恐慌。

“冷静点儿，”人们说。

“事情并没有那么糟！”

但是他们不懂。当恐惧占据大脑时，它会控制你的身体。为了重获安全，你什么事都肯做。

焦虑感会让我们对现在该做什么过度警惕。

当有人说“你就不能开始吗？”时会更糟。

我们知道得开始，可我们不知道该怎么开始！

日子就这样一天天地过去了，
我们却什么也没做完，工作堆积如山。

当我们无法控制事态发展时，
焦虑感会加重。

所以，我们保持生活井然有序，
尽力避免意外发生。

我们中有些人会用同样的方式，重复做同样的事，这能让我们有安全感。

可惜，我们不能做到时时刻刻地掌控一切，为了应对变化，我们只得不断拼搏。

有时，朋友说：“咱们出去走走吧，
这对你有好处。”
这确实能让我们感觉好一些。

但是又有谁懂，
明知外面危机四伏，
却还要离开家，
那是多么难。

即使是你想找人做伴，可一想到要身处人群，
恐惧感还是会将我们吞没。

我们不知道该说什么、该去哪儿，
也不知道该怎么做。

我们担心其他人会盯着我们做事，
对我们品头论足。

有时候，压力太大，
我们会冲身边的人发火。

我们经常封闭自我、取消计划、提早离席，
甚至压根就不出现。

当我们这么做时，身边的人很不好过，
而我们对此也很抱歉。
我们从没想过要让谁难过。

有些时候，我们可以假装日子过得不错，也能和朋友们一起欢笑。

可我们坚持不了太久，
很快
就又需要到安全的地方独处。

如果有人来找，我们会躲起来。

我们没精力闲聊。
况且我们知道他们希望我们好起来，
而我们也不想令他们失望，
或是成为讨厌的人。

一段时间内，独处很好。
可不久后，我们又开始害怕，
怕我们就这样孤独终老。

所以，事情就像这样。

你的思想会影响你的感受。

你的感受继而又会影响你的行为。

害怕最坏的，会使你感觉并表现得无助。

但是事实上你并不无助，
而且有些事能帮你减轻焦虑
在你生活中占的分量。

举个例子，一味回避你害怕的，
只会令它在你的心中变得
更大、更可怕。

当你强迫自己面对心中所怕，或是开始想那些令你担心的事时，你会惊讶地发现恐惧感减少了。

开始做些新事！出门走走！
狗！当众讲话！蜘蛛！飞机！学校！高度！
改变我的日常！家庭作业！派对！

不必一步到位。
你可以先在安全的地方，
看其他人如何应对。

然后，和你信赖的人一起，
小试一把，

直到慢慢地，你有足够的勇气
独自面对你的恐惧。

你就会发现，你曾经害怕的事其实并没有什么好怕的，你曾经觉得恐怖的事也并没有什么真正的恐怖之处。

要知道，焦虑不是你的错，
而且焦虑也不会永远控制你。
你可以练习
用不同的方式思考。

不这么做可比这么做更令我焦虑。
我无须完美。
我尽力了，就很棒！
世界不会因为我做错一件事而毁灭。

当焦虑来袭，如果你能不畏焦虑，就有很大进步。接下来，请用一声恼火叹息接受它吧。

哦，又是你。

以旁观者的心态去看待，
这会给你力量战胜它。

适当的运动、充足的阳光和健康的饮食，
都会助你一臂之力。

抱抱宠物也很有用哦。

和愿意倾听、接纳我们的人在一起，
我们的世界会焕然一新。

学习如何放松，
如何通过深呼吸获得平静。

照顾其他需要帮助的人，
也能使我们暂时忘掉自己的烦恼。

直到最终，有那么一天，
你能轻松度日，
生活中不再有焦虑。

到那时，
你会想要憧憬未来，

更棒的是，
你也可以愉快地享受未来。

鸟名及图片权利归属

封面
雪鸮（Snowy owl）
© Elenarts

第1页
金刚鹦鹉（Macaw parrots）
© bluehand

第2页
鸭子（Duck）
© fotofactory

第3页
乌林鸮（Great grey owl）
© Eric Isselee

第4页
虎皮鹦鹉（Budgerigar）
© nodff

第5页
不知名的鸟（Unnamed bird）
© Mark Wolters

第6页
织巢鸟（Weaver bird）
©Boonchuay Promjiam

第7页
梵天母鸡（Brahma hen）
© Eric Isselee

第8页
北美秃头鹰
（North American bald eagle）
© Stefano Venturi

第9页
长耳猫头鹰（Long-eared owl）
© aaltair

第10页
秃鹫（Griffon vulture）
© MarclSchauer

第11页
鹅（Geese）
© Vishnevskiy Vasily

第12页
北方塘鹅（Northern gannet）
© Martin Prochazkacz

第13页
阿德利企鹅（Adelle penguin）
© Jo Crebbin

第14页
台湾蓝鹊
（Formosa blue magpie）
© PhotonCatcher

第15页
鹈鹕（Pelican）
© Preobrajenskiy

第16页
小鸭（Duckling）
© Africa Studio

第17页
年轻的绿色苍鹭（Young green herons）
© Leigh Kennedy

第18页
公鸡（Roosters）
© photomaster

第19页
凤头珍珠鸡
（Crested guinea fowl）
© JMx Images

第20页
角嘴海雀（Puffin）
© Martin Oldfield

第21页
鹳鸟
（Marabou bird, also known as adjutant stork）
© Jacqueline Abromeit

第22页
林鸱（Common potoo）
© Fabio Maffei

第23页
穴鸮鸟（Burrowing owl）
© Agustin Esmoris

第24页
猫头鹰（Owl）
© Antonio Gravante

第25页
黄蛙嘴（Tawny frog mouth）
© Janelle Lugge

第26页
灰雁（Greylag goose）
© Dennis Jacobsen

第27页
雉鸡（Common pheasant）
© Ondrej Prosicky

第28页
寒鸦（Jackdaw）
© roundstripe

第29页
白鹭（Egret）
© Carol Afshar

第30页
小鸭（Ducklings）
© Denis Tabler

第31页
橡树啄木鸟
（Acorn woodpecker）
© Jean-Edouard Rozey

第32页
紫蓝金刚鹦鹉
（Hyacinth macaw）
© worldswildlifewonders

声明：鸟名均由摄影者提供，如有错误绝非有意。

第33页
蓝脚鲣鸟（Blue-footed booby）
© farbled

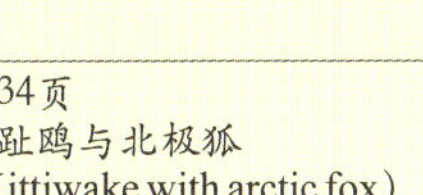
第34页
三趾鸥与北极狐
（Kittiwake with arctic fox）
© Pauline Oldfield

第35页
企鹅（Penguins）
© Rashman

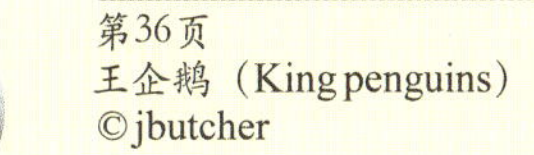
第36页
王企鹅（King penguins）
© jbutcher

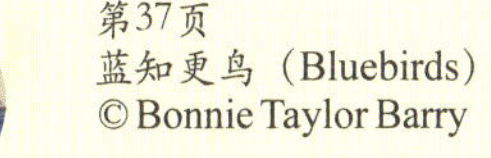
第37页
蓝知更鸟（Bluebirds）
© Bonnie Taylor Barry

第38页
大山雀（Great tit）
© Anette Linnea Rasmussen

第39页
天鹅（Swan）
© Dmytro Balkhovitin

第40页
角嘴海雀（Puffins）
© Pauline Oldfield

第41页
笑翠鸟（Kookaburra）
© Michael Koenen

第42页
火烈鸟（Flamingo）
© Sergey Uryadnikov

第43页
紫蓝金刚鹦鹉
（Hyacinth macaw）
© Ondrej Prosicky

第44页
帝企鹅（Emperor penguins）
© vladsilver

第45页
天鹅（Swan）
© Paul Aniszewski

第46页
蛇鹫（Secretary bird）
© Wollertz

第47页
长尾小鹦鹉（Parakeet）
© Darren415

第48页
簇海鹦（Tufted penguin）
© Maksimilian

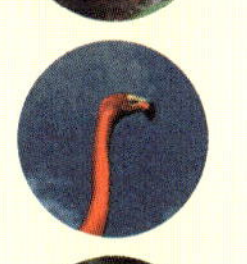
第49页
火烈鸟（Flamingo）
© Elenarts

第50页
疣鼻天鹅（Mute swan）
© shaftinaction

第51页
天鹅（Swan）
© Renamarie

第52页
鹊鸭（Goldeneye duck）
© Vishnevskiy Vasily

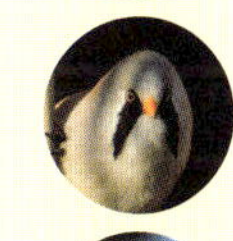
第53页
文须雀（Bearded reedling）
© sysasya photography

第54页
长耳猫头鹰（Long-eared owl）
© taviphoto

第55页
冠鹤（Crowned crane）
© Wolkenengel565

第56页
秃鹫/黄色金丝雀
（Vulture/yellow canary）
© Miceking/Eric Isselee

第57页
爱情鸟（Love bird）
© Eric Isselee

第58页
太阳锥尾鹦鹉（Sun conure parrot）
© PCHT

第59页
小鸡与德国牧羊犬
（Chicken and German shepherd puppy）
© Valentina Razumova

第60页
仓鸮（Barn owls）
© GMH Photography

第61页
黑琴鸡
（Lekking black grouse）
© Sergey Uryadnikov

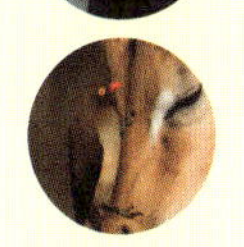
第62页
小黑斑羚与红嘴牛椋鸟
（Young impala ram with red-billed oxpecker）
© Villiers Steyn

第63页
三趾鸥（Kittiwake）
© Pauline Oldfield

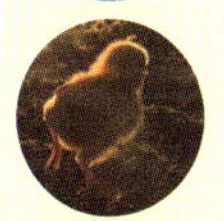
第64页
小鸡（Chickens）
© Andrea Izzotti

第65页
小鸭（Duckling）
© sevenke